Good bye Schule?

Ein Beitrag zum linken Bildungsdiskurs

quer aktuell
Band 2

Good bye Schule?

Ein Beitrag zum linken Bildungsdiskurs

von Sigrun Lingel

quer
verlag & vertrieb

Die Deutsche Bibliothek – CIP Einheitsaufnahme
Lingel, Sigrun
Good bye Schule?
Ein Beitrag zum linken Bildungsdiskurs
Jena: *quer* – verlag & vertrieb 2003
ISBN 3-935787-03-0
Einband, Satz, Layout: www.emil-co.de

Inhalt

Statt eines Vorworts

„Es ist bezeichnend für die heutige Zeit, dass eine Staatsregierung sich dazu entschließen konnte, der Schule ein Museum zu widmen. Durch diesen Entschluss ist nun die Schule - wie Bison, das Barock und Botticelli – der Denkmalpflege anvertraut worden. Das neue Museum erlaubt es, mit Stolz, Sachkenntnis und Leutseligkeit das Andenken dieser alten Schachtel zu pflegen, die zähe an ihrem Leben hängt und dabei immer kostspieliger wird."[1]

Ivan Illich
„Schule ins Museum – Phaidros und die Folgen"
Aus der Schriftenreihe zum Bayerischen Schulmuseum Ichenhausen

[1] Ivan Illich, Schule ins Museum – Phaidros und die Folgen, Schriftenreihe zum Bayerischen Schulmuseum Ichenhausen, 1984, Seite 15

Nach PISA

Im Grunde genommen brauchte es PISA nicht: Ein Blick in die täglich laufenden Quizsendungen reicht aus, um über das allgemeine Bildungsniveau in Deutschland informiert zu sein. Vom einstigem Volk der ‚Dichter und Denker' ist nicht viel geblieben. Wir funktionieren so, wie uns die Wirtschaft braucht, immer ist das neueste Produkt auch das Erstrebenswerteste, ohne dass wir nach dem Sinn oder dem wahren Wert der Dinge fragen.

Nach dem Ende der Arbeits- und Industriegesellschaft ist in der Wissensgesellschaft verwertbare Bildung das Erstrebenswerte. „Es kommt daher wie eine hoffnungsfrohe Botschaft: Wer sich weiterbildet, dem öffnen sich die Tore zu einem attraktiven Arbeitsplatz und zur Karriere."[2] Der Mythos ‚lebenslanges Lernen' suggeriert, dass ein ‚Mehr an Wissen' Arbeit für den Einzelnen auch in der Zukunft sichert.

Trotz rückläufiger Kinderzahlen im Osten Deutschlands und der damit verbundenen Schließung staatlicher Schulen haben Schulen in freier Trägerschaft Konjunktur. Eltern zahlen freiwillig

[2] Erich Ribolits „Wer nicht lernt, soll auch nicht essen", http://www.fr-aktuell.de/uebersicht/alle_dossiers/politik_inland/arbeit_2002_neue_chancen_alte_zwaenge/?sid=72e4ec2f7d4cc9c14b12074f92918393&cnt=195119

Schulgeld, um ihren Kindern bessere Bildungschancen zu öffnen. Private Bildungsträger gibt es ‚wie Sand am Meer'. Nahezu jedes Wissensgebiet, jede Fähigkeit wird als (Selbst-) Bildung auf dem freien Markt angeboten. In Forschungsprojekten, steuerfinanziert, werden Lernplattformen für das Internet entwickelt, deren Nutzung von den Konsumenten teuer bezahlt werden wird. Deutsche Wissenschaftler bekommen leuchtende Augen, wenn sie über die Bildungsindustrie der USA sprechen. Kaum verwunderlich in solch einer Zeit, dass nun ein Bildungstourismus in Länder mit den besten PISA-Ergebnissen eingesetzt hat.

Vertreter/innen der Gewerkschaften, Parteien, Kultusministerien, aber auch Elternvertreter/-innen, Schülerinnen und Schüler reisen nach Finnland, um sich über das ‚Finnische Bildungswunder' zu informieren. Fotos und Videos werden aufgenommen und zu Hause einem staunendem Publikum präsentiert. Im Osten Deutschlands hört man immer wieder, dass Finnland „in den 70er Jahren vieles aus der DDR-Schule ‚abguckte'"[3]. Bis in Kreise der FDP gehen die Forderungen, neu über das Schulsystem der DDR nachzudenken, welches für nicht wenige der politisch Verantwortlichen eine Antwort auf PISA ist.

[3] Siegfried Eggers, ehemaliger Kreisschulrat in Stadtroda/Bezirk Gera, heute Thüringen

Die Forderung von einflussreichen Teilen der Wirtschaft, die Kulturhoheit der Länder abzuschaffen und die Zuständigkeit für Schule, Aus- und Weiterbildung unter dem Dach des Bundesbildungsministeriums zu konzentrieren, deutet in eine ähnliche Richtung. Im Osten Deutschlands hieß das mal Volksbildungsministerium.

Im Bewusstsein Vieler, die sie durchlaufen haben, scheint die DDR-Schule all ihre negativen Seiten verloren zu haben. Mehr noch, vieles, was in dieser Schule geschah, wird verklärt, oder als erstrebenswerte Tugend für die neue Gesellschaft hervorgehoben. So sagte ein Vater zum Elternabend der Klasse meines Sohnes: „Früher war vieles schlecht, aber eins muss ich mal sagen. In der Schule haben wenigstens noch Zucht und Ordnung geherrscht."

Erklärbar ist die 1989/90 nicht erwartete Entwicklung durchaus. So schreibt Freya Klier in ‚Lüg Vaterland': „Die große Aufmerksamkeit und Zuwendung, die uns Kindern in der frühen Aufbau-Phase von seiten des Staates entgegengebracht wurde, hat unserer Generation eine eigene DDR-Identität geschaffen: Wir kleben lebenslänglich an diesem Land und seiner Geschichte – im Positiven wie in der Ent-Täuschung, ob drinnen oder draußen."[4]

[4] Freya Klier, „Lüg Vaterland", Kindler Verlag, München, 1990, Seite 115

Und wenn man beides zusammenbringt, das ‚Kleben' an unserer geschaffenen Identität und damit auch an der Institution der ‚Einheitsschule DDR' mit der nicht zu leugnenden Tatsache, dass tatsächlich Parallelen zwischen dem finnischen Schulsystem und dem der DDR bestehen, wird vieles vom Leuchten in den Augen gelernter Bürger/innen der DDR nachvollziehbar, wenn sie Fotos und Videos über finnische Schulen sehen.

Die DDR-Einheitsschule war historisch gesehen die konsequente Umsetzung der bildungspolitischen Forderungen der deutschen Arbeiterbewegung. So lesen wir bei Clara Zetkin: „Die zukünftige öffentliche Erziehung wird daher – ohne die kindliche Lebensfreude zu beeinträchtigen – beim Spiel anknüpfen und von hier aus Knaben und Mädchen in gemeinsamer Erziehung und in steter Anlehnung an den sozialen Arbeitsprozess durch die Jahre körperlichen und geistigen Wachstums geleiten, bis sie als vollentwickelte Individuen und mit vollem Verantwortlichkeitsbewusstsein in die soziale Gemeinschaft eintreten, und zwar an die ihrer Individualität am besten entsprechende Stelle."[5]

In Thüringen schuf die Greil'sche Schulreform in den Jahren 1921 – 1923 mit dem Einheitsschulgesetz erste Voraussetzungen zur Umsetzung

[5] Protokoll des SPD-Parteitages, Mannheim 1906, Verlag J.H. Dietz Nachf., Berlin – Bonn, 1982, Seite 120

dieser Forderungen. An diese anknüpfend verwirklichte die DDR solche grundlegenden, schon bei Clara Zetkin nachlesbaren Forderungen wie: Gleichberechtigung der Geschlechter, Schulspeisung, Schwimmunterricht, Arbeitserziehung, Festsetzung der Klassenfrequenzen, Einrichtung von Volksbibliotheken, Errichtung von weltlichen Kindergärten, Verbesserung der materiellen Lage von Lehrer/innen.

Und doch wurde die Einheitsschule der DDR, die 40 Jahre wirken konnte, gründlichst abgeschafft von denen, die durch sie gegangen sind. Waren daran tatsächlich nur die neuen politischen Verhältnisse schuld? Wieso schaffte der Sandmann nach zahlreichen Protesten von Kindern und ihren Eltern den Sprung in die dritten (Ost-) Programme? Wo waren die Proteste, um die Einheitsschule der DDR zu erhalten?

Und: Ist das bestehende Bildungssystem wirklich so schlecht, wie es momentan in der öffentlichen Diskussion erscheint? Immer mehr Kinder erlangen im Vergleich zur DDR-Schule heute ein Abitur, immer mehr Abiturienten beginnen ein Studium. Bildungsgänge sind durchlässiger als in der DDR. Um ein Zweitstudium beginnen zu können, benötigen Menschen heute nicht mehr eine Delegierung durch ihren Betrieb, brauchen nicht mehr den ‚Segen' einer Parteiorganisation.

Gibt es der linken Debatte zu PISA nicht wenigstens zu denken, dass sich die so kritisierten Schüler/innen am ersten Tag des zweiten Irakkrieges zu Massen per SMS, dieser kurzen, über das Handy gesendeten Nachricht, auf die Strassen zusammentelefoniert haben? Sicher, die Fähigkeit, eine SMS zu senden haben sie nicht in der Schule erworben. Aber sie haben sich das Selbstbewusstsein trotz oder wegen des Schulbesuches erhalten, ihr Handeln von ihrem Gewissen bestimmen zu lassen.

Verschreckt durch PISA scheinen wir zu vergessen, dass die Kritik an der Institution Schule „eine wesentliche Dimension seit der Frühromantik“[6] ist. Seit mehr als 200 Jahren gibt es Kritik an der Schulfabrik, „in welche das Rohmaterial Mensch hineinkommt, um nach den Bedürfnissen des ‚Lebens' bearbeitet zu werden“[7].

Zahlreiche Reformversuche kennt die Schule seit dem ausgehendem 19. Jahrhundert: ‚Lernen im Spiel', ‚Pädagogik vom Kinde aus', ‚Landerziehungsheime', ‚Arbeitsschule', ‚Waldorfschule', ‚Summerhill', ‚Montessori', ‚Jena-Plan', ‚Autoritäre Erziehung', ‚Antiautoritäre Erziehung', ‚Gesamtschule', ‚Ganztagsschule', ‚Einheitsschule' .... Nur: Keine dieser Reformen hatte tatsächlichen Erfolg.

[6] Dieter Strützel, 10 Thesen zu einer Debatte, www.weimarer-kreis.de/bildung/1996/thesen.html
[7] ebenda

Jede für sich blieb beschränkt auf Kinder und Heranwachsende aus bestimmten Gesellschaftsschichten, auf einzelne geographische Räume, auf bestimmte Zeitabschnitte.

Kann es sein, dass wir in all den Jahren die Fragen nur falsch gestellt haben? Geht es tatsächlich um die Reform der Schule?

Woher kommt eigentlich die Schule?

Wie die Schule entstand

Bevor die Menschen die Schrift erfanden, haben sie ihr Wissen mündlich von einer Generation zur anderen übertragen. Der Erzähler, der Dichter, der Sänger trug seinen Text dem Zuhörer vor. Kein Vortrag glich einem anderen, weil der Vortragende selbst den Text immer neu aus sich heraus entstehen ließ. Unglaublich erscheinen uns heute die Leistungen, durch welche das Wissen längst vergangener Zeiten von einer Generation an die andere weiter gegeben wurde. Was wüssten wir vom ‚Goldenen Zeitalter', dem Zeitalter, in welchem die Menschen keine Kriege kannten[8], wenn es nicht die Erzähler, Dichter und Sänger gegeben hätte, die uns von dieser Zeit berichtet haben. Mnemotechniken, uns heute meist unbekannt, ermöglichten in der Zeit der Mündlichkeit, lange Erzählungen ‚aus dem Gedächtnis' aufzusagen.

Bilder und Zeichen erschlossen den Erzählern die Informationen, die sie an die Zuhörer weitergaben. Sie erzählten, oft auf die Zeichen schauend, die sie doch ‚auswendig' kannten. Wir können diese Technik heute noch beim Besuch von Kirchen nachvollziehen, an deren Wänden wir die Bilderfolge der 12 Apostel sehen. Auch ohne des Lesens mächtig zu sein könnten uns Christen

[8] siehe Riane Eisler, Kelch und Schwert, Goldmann Verlag, 1993

in allen Ländern der Erde die Geschichte der Kreuzigung und Widerauferstehung Jesu anhand dieser Bilderfolge erzählen.

Mit der Erfindung der Buchstaben und der Entstehung des geschriebenen Wortes, löste der Geschichten-Schreiber den Geschichten-Erzähler ab. In den Klöstern übten sich Mönche im Lesen und Schreiben. Grundlage dessen war das einzige, das heilige Buch. Die Bibel sowie erläuternde Texte zu dieser wurden in murmelnder Gemeinschaft der Mönche ‚durchgekaut'. „Von allen erstrebenswerten Dingen ist die Weisheit das erste"[9], war ein Leitspruch klösterlicher Bildung. Der Weg zur Weisheit war der Weg zu Gott.

Mönche fertigten in mühevoller Arbeit Duplikate der heiligen Schriften von Hand. Dabei glichen diese nie ganz der eigentlichen Vorlage. Jede Abschrift gab dem Schreibenden die Möglichkeit, das vorgegebene Schriftstück neu zu interpretieren. So entstand die heute bekannte Bibel, die nach Riane Eisler durch die Neuinterpretationen vieler Generationen von Mönchen vom Urtext weit entfernt ist.

Die Buchstaben, mit denen noch in den Klosterschulen Latein geschrieben und gelesen wurde, fanden immer häufiger Anwendung, um

[9] Ivan Illich, Im Weinberg des Textes, Luchterhand, Frankfurt am Main, 1991, Seite 15

mundartlich Gesprochenes ‚zu Papier' zu bringen. Damit wurden sie Teil der Lebenswirklichkeit außerhalb der Klostermauern. Die Klosterschulen verloren ihre Bedeutung für die Ausbreitung des Lesens und Schreibens in Zentraleuropa. „Die Lebensart der Mönche mit ihrem beständig-frommen Suchen nach Weisheit wurde nicht zum Modell für universale Literalität, sondern die Lebensart geschulter Schreiberlinge. Die vita clericorum wurde zur idealen forma laicorum, zum Modell, das die Laien anstreben mussten, und durch das sie zwangsläufig zu Schriftlosen herabgesetzt wurden, die von den Höherstehenden belehrt und beherrscht werden konnten."[10] In Folge dieses Wandels „zog sich (der Leser) in seinen eigenen Kopf zurück"[11] schreibt Neil Postmann und verlangte „wenigstens Stille"[12].

Durch die Niederschrift von mundartlich Gesprochenem entstanden Texte im heutigem Sinne. Mit ihnen, die „von Lehrern vermittelt und von Schülern gelernt werden können, konstituiert sich historisch jenes ‚Wissen', das wir Schulwissen nennen"[13]. Der niedergeschriebene Text musste vom Schüler wörtlich wiedergegeben werden und

[10] ebenda, Seite 90
[11] Neil Postmann, Das Verschwinden der Kindheit, Fischer Taschenbuch, 1994, Seite 38
[12] ebenda
[13] Ivan Illich, Schule ins Museum – Phaidros und die Folgen, Schriftenreihe zum Bayerischen Schulmuseum Ichenhausen, 1984, Seite 16

wurde so zu richtigem Wissen. Abweichungen wurden unweigerlich als Fehler geahndet. Die Schule, mit ihrem ‚Schulwissen', aufbauend auf der wortgetreuen Wiedergabe vorgegebener Texte, steht also im engen Zusammenhang mit der Verschriftlichung der Alltagssprache. Sie entstand in der Übergangszeit von der Mündlich- zur Schriftlichkeit.

Mit der Schriftlichkeit verlor das mündliche Wort immer mehr an Akzeptanz. Wahr ist seit dem, was schriftlich niedergelegt wird. Es reicht im Zeitalter der Schriftlichkeit nicht mehr aus zu sagen, dass das eigene Feld vom Haus zum Bach und von dort zum Baum und dann zurück zum Haus verläuft. Eine Urkunde wurde notwenig, auf der diese Tatsache niedergeschrieben ist. Das geschriebene Wort erlangte einen höheren Wahrheitsgehalt als das gesprochene. Ohne Papier, dass die eigene Existenz nachweist, ist selbst der Mensch im Zeitalter der Schriftlichkeit nicht wirklich existent.

Die Schule, wie wir sie kennen, steht im engen Zusammenhang mit den gesellschaftlichen Umbrüchen vom 12. zum 13. Jahrhundert, einer Zeit also, die noch vor der Erfindung des Buchdrucks lag. Zahlreiche Städte entstanden damals in Europa. Diese brauchten Verwaltungen. Verwaltungen gehörten zu den ersten Institutionen, die unzählige Schriftstücke und Urkunden produzierten.

Die ersten Universitäten wurden gegründet. Mit ihnen wandelte sich die Form des Lernens, des Lesens und des Schreibens. Wissenschaftliche Erkenntnisse bahnten sich ihren Weg. Erste Bibliotheken entstanden an den Universitäten. Damit wurde das Buch für Menschen auch außerhalb des Klosters zugänglich.

Handelstätigkeiten führten Menschen in damals noch wenig bekannte Länder und Regionen. Reisende brachten aus dem fernen Osten das Papier nach Europa, welches das Pergament immer mehr aus den Schreibstuben verbannte.

Mit dem Papier war die technische Voraussetzung gegeben, ‚über alles Buch zu führen'. Die papierene Buchhaltung entstand. Es reichte nun nicht mehr aus, dass die Bauern nach eigenem Ermessen den Zehnten an die Kirche lieferten. Diese begann, über die Abgaben der Bauern Buch zu führen, begann, die Abgaben mit denen der vergangenen Jahre zu vergleichen. In der Folge dieser Entwicklung legte die Kirche fest, was an Abgaben durch die Bauern künftig zu leisten war.

Lesen und Schreiben war fortan notwendig, um im Zeitalter der Schriftlichkeit bestehen zu können. Dieses brauchte einen Platz, wo Menschen, die des Lesens und Schreibens kundig waren, andere lehren, belehren konnten. Die Schule wurde institutionalisiert.

War das Lesen- und Schreibenlernen lange Zeit Angehörigen des Adels sowie des höheren Bürgertums vorbehalten, so forderte der Absolutismus von allen Untertanen, dass sie sich einer Schulbildung unterwerfen. Dabei ging es vorerst um die christliche Unterweisung der Jugend. 1763 führte Preußen die allgemeine Schulpflicht ein, andere deutsche Staaten folgten diesem Beispiel. „Der Bildung der Jugend für Gott, Fürst und Vaterland gewidmet von Maximilian Joseph MDCCCXXI" kann man noch heute auf einer Gedenktafel eines ehemaligen Schulgebäudes am Tegernsee/Bayern lesen.

Die 1763 eingeführte Schulpflicht, gegen die sich in einzelnen Regionen Deutschlands reger Widerstand von Eltern entwickelte, wurde erst im Laufe mehrerer Generationen für alle Kinder umgesetzt. Sie ist durchaus zwiespältig zu sehen. Sicher war es mit der Durchsetzung der allgemeinen Schulpflicht möglich, Kindern aus einfachsten Verhältnissen nicht nur Lesen und Schreiben zu lehren. Durch den Besuch der Schule hatten sie Zugang zur Welt der Bücher, damit auch zu neuen wissenschaftlichen Erkenntnissen, zu technischen Entwicklungen. Über Bücher erfuhren sie vom Leben in anderen Ländern, lernten Tiere und

Pflanzen anderer Kontinente kennen. Die Schule ermöglichte ihnen den Zugang zu Musik und Malerei, in der Schule lernten sie, die sie umgebende Natur mit ‚neuen Augen' anzuschauen.
Die Schule war aber auch der Ort, an welchem „der höchstschädlichen und dem Christentum unanständigen Unwissenheit vorgebeugt und abgeholfen werde, um auf die folgende Zeit in den Schulen geschicktere und bessere Untertanen bilden und erziehen zu können."[14]

Doch nicht nur Fürsten und Adel forderten die Einführung der Volksschule als Pflichtschule. So haben schon die Hussiten und andere reformatorische Volksbewegungen eine Volksbildung gefordert. Comenius hat im 17. Jahrhundert mit seinem Bildungskanon das Fenster zur weltlichen Bildung geöffnet. An diesen anknüpfend, traten im 18. Jahrhundert auch humanistisch gesinnte Menschen für die allgemeine Schulpflicht ein. 1762 erschien Rousseaus ‚Emile ou de l'éducation'. Die Vertreter der Aufklärung verbanden mit der allgemeinen Schulpflicht den Wunsch, Kindern aus den untersten gesellschaftlichen Schichten Bildungsmöglichkeiten in der Gesellschaft zu verschaffen. Bildung und Erziehung sollten es ermöglichen, dass jeder Mensch seinen eigenen Weg zum individuellen ‚Glückszustand' findet.

[14] Zitiert nach: Zur Geschichte der Volksschule I, S. 141

Chancengleichheit ist seit dem das Zauberwort aller Befürworter der Pflichtschule.

Trotz aller verständlichen Beweggründe derer, die seit dem für Chancengleichheit eintreten, ist diese Entwicklung kritisch zu hinterfragen. Das Lernen in der Pflichtschule ist immer ein fremdbestimmter Prozess. ‚Forme Menschen nach meinem Bilde' lernten wir mit ‚Prometheus' „Die fatale Konsequenz für die Gesellschaft: sie wird konserviert auf dem Stand des Selbst-Bildes der Macher. Statt Jugend als die Chance der Gesellschaft zu verstehen und zu nutzen, mit ihr in eine neue Zukunft aufzubrechen, über sich selbst hinauszukommen."[15] „Den gegenwärtigen Zustand aufzuheben, war für Marx und Engels, als sie ‚Die Deutsche Ideologie' schrieben, der Sinn des Kommunismus, im Gegensatz zu einem Gesellschaftsideal, ‚nach dem sich die Wirklichkeit zu richten habe', zu einem ‚fertigen Zustand'."[16]

Solange sie besteht, wandelt die Schule sich durch den ständigen Druck gesellschaftlicher Veränderungen. Die zunehmende Industrialisierung brauchte Menschen, die über die notwendigen Voraussetzungen verfügten, um für den optimalen Profit zu sorgen. Die Arbeitsschulbewegung sah es als erstrebenswertes Ziel, junge

[15] Dieter Strützel, 10 Thesen zu einer Debatte, www.weimarer-kreis.de/bildung/1996/thesen.html
[16] ebenda

Menschen darauf vorzubereiten, künftig gute Arbeiter zu sein. Die Arbeit wurde durch die Arbeiterbewegung zum Ideal an sich, war seit dem nicht mehr nur Mittel zum Zweck. (Die fatalen Konsequenzen dieses Wandels spüren wir in der heutigen Arbeitslosen-Debatte.) Die Vorbereitung auf den Arbeitsprozess in der Schule sollte vor allem die Chancengleichheit von Kindern der Arbeiterklasse erhöhen. So versprachen sich Reformer, ihnen den Weg in die Arbeitsgesellschaft zu ebnen.

Zu aktuellen bildungspolitischen Forderungen nach PISA

Mit PISA ist die Forderung nach einer grundlegenden Reform der Schule erneut Thema unserer politischen Wirklichkeit. Dabei werden sehr verschiedene Lösungsansätze in die öffentliche Debatte gebracht: Die einen wollen mehr Ganztagsschulen, die anderen wollen stärkere Kontrollen der Leistungen der einzelnen Schulen. Die GEW fordert gemeinsames Lernen bis Klasse 8, und im polytechnischen Unterricht sieht gar die Thüringer PDS Lösungsansätze für unser Schulsystem. Fast allen politischen Richtungen ist in dieser Diskussion gemeinsam, dass bundesweit geltende einheitliche Bildungsstandards das ‚Nonplusultra' sind.

Allen diesen diskutierten Vorschlägen ist eins gemeinsam: Sie orientieren sich an Lösungsansätzen für die Schule, welche im ausgehenden 19. und beginnenden 20. Jahrhundert entwickelt wurden.

Ganztagsschulen

Die Forderung nach Ganztagsschulen finden wir seit dem Wechsel vom 19. zum 20. Jahrhundert, vornehmlich in den Reihen der neu entstandenen Arbeiterbewegung. Wir wissen, dass in dieser Zeit die Städte anwuchsen, weil die Industrie immer mehr Arbeiter brauchte. Junge Menschen zogen

vom Land in die Stadt, die älteren blieben meist zurück. Kinder, in den Städten geboren, waren zunehmend sich selbst überlassen, da keine Großfamilie mehr für ihre Betreuung aufkam. Staatliche sowie private Betreuungseinrichtungen waren nur selten vorhanden. Die Sorge um diese sich selbst überlassenen Kinder bewog vor allem Vertreter/innen der Arbeiterklasse, die Schaffung von Einrichtungen zur Ganztagsbetreuung zu fordern.
Diese wurden aber auch von denen gefordert, die Kinder aus ganz anderen Gründen ‚von der Straße' haben wollten. Kinder, in Großstädten oft in Gangs organisiert, verunsicherten zunehmend das Bürgertum. Sie in die ‚Schule zu sperren' war ein Weg, um wieder Ruhe und Ordnung in die Städte einziehen zu lassen.

Beiden Sichten ist eins gemeinsam: Sie sahen in der Übertragung der Ganztagsbetreuung auf den Staat die Lösung der bestehenden Probleme. Der Staat sollte für die Erziehung und Ausbildung der Jugend Sorge tragen. So forderte die SPD schon 1869 in ihrem ‚Gothaer Programm': „Allgemeine und gleiche Volkserziehung durch den Staat."[17]
Mit dieser Forderung setzte sich Karl Marx unter anderem in seinen Kritik am Gothaer Programm heftig auseinander. So fragt er: „Gleiche Volkserziehung? Was bildet man sich unter diesen Wor-

[17] Revolutionäre deutsche Parteiprogramme, Dietz Verlag, Berlin, 1967, Seite 48

ten ein? Glaubt man, dass in der heutigen Gesellschaft (und man hat nur mit der zu tun) die Erziehung für alle Klassen gleich sein kann?"[18] Gerade wegen der unterschiedlichen materiellen Voraussetzungen, in welchen Kinder der verschiedenen Klassen und Schichten leben, führt die Forderung nach ‚gleicher Volkserziehung' zu einer Verstärkung dieser Unterschiede. Chancengerechtigkeit, dies ist etwas anderes als Chancengleichheit, kann nicht nur nach Marx erst dann erreicht werden, wenn Kinder aus armen Verhältnissen stärkere Unterstützung erfahren als die, welche die notwendige Unterstützung im eigenem Elternhaus erhalten. Und weiter forderte Marx: „Vielmehr sind Regierungen und Kirche gleichmäßig von jedem Einfluss auf die Schule auszuschließen."[19] Für die Linke ist es selbstverständlich, dass die Kirche aus der Schule ‚auszuschließen' ist. Warum haben weite Teile dieser Linken jedoch nicht den Mut, auch den Ausschluss des Staates aus der Schule zu fordern? Bewegt sie hier nicht doch der staatssozialistische Gedanke, Kinder, Menschen, auch gegen ihren Willen zu ihrem Glück zwingen zu wollen? Erheben sich so Teile der Linken über das – vermeidbar - ‚dumme' Volk?

Wenn in der heutigen linken Bildungsdiskussion zunehmend die Einführung von Ganztagsschulen

[18] ebenda, Seite 70
[19] ebenda, Seite 71

gefordert wird, sollten wir kritisch hinterfragen, ob dies tatsächlich im Sinne eines emanzipatorischen Bildungsansatzes ist. Wir sollten grundsätzlich unterscheiden zwischen Ganztagsschule und Ganztagsangeboten. Es kann nicht Aufgabe der gesellschaftlichen Linken sein, dem Staat zu helfen, dass Kinder und Heranwachsende länger als bisher einer staatlichen Erziehung unterworfen werden.

Stärkere Kontrollen der Leistungen

Die Forderung nach verstärkter Leistungskontrolle der einzelnen Schulen, die fatal an die Paukschule des ausgehenden 19. Jahrhunderts erinnert, hat schon heute zu einem erhöhten Leistungsdruck bei Schülerinnen und Schülern geführt. Jedoch stellt sich die Frage, was eigentlich Leistung ist? So kann nach den heutigen Leistungsvorstellungen der Schule ein Heranwachsender in Musik die Note 6 auf dem Zeugnis erhalten, weil er sich weigert, ein bestimmtes Lied zu singen. Keine Frage stellt die Schule jedoch danach, ob der selbe Schüler in seiner Freizeit gelernt hat, ein oder mehrere Musikinstrumente zu spielen. Das Spielen eines Musikinstrumentes wird im bestehenden Bildungskanon nicht als Leistung durch die staatliche Schule im Fach Musik anerkannt.

Wir neigen dazu, Leistungen von Kindern mit der Schule in Verbindung zu bringen. Das, was Kinder außerhalb dieser leisten, und zu dem gehören auch Lernleistungen, findet meist keine Beachtung. Damit reduzieren wir unweigerlich Leistung auf das, was im Zusammenhang mit dem Bildungskanon steht, dieser heiligen Kuh, von der niemand mehr so richtig weiß, woher sie kommt, und der doch jeder freiwillig sein Kind unterwirft.

Leistung ist immer an das Individuum gebunden. Die Forderung nach gleichen Leistungen – und nur so machen verstärkte Leistungskontrollen in den Schulen und der Schulen untereinander wirklich Sinn - unterstellt jedoch, dass Menschen gleich seien. Dies wiederspricht dem Fakt, dass jeder Mensch einzigartig ist, somit auch einzigartig in dem, was er oder sie leisten kann. Es kann niemandem wirklich zustehen, die Leistung von Heranwachsenden bewerten zu wollen. Noten als Zwangsmittel der Schule abzuschaffen, muss eine grundlegende Forderung der Linken in der momentanen Bildungsdiskussion sein.

Gemeinsames Lernen bis Klasse 8

Da ist die Forderung der GEW, aber auch der PDS, nach gemeinsamem Lernen bis Klasse 8, eine Forderung, die wir unter anderem bei den reformpädagogischen Ansätzen des beginnenden 20. Jahrhunderts finden. Auf den ersten Blick scheint dies eine Möglichkeit zu sein, tatsächlich ein ‚Mehr an Chancengerechtigkeit' herzustellen, sofern die Schulen über die notwendigen materiellen Voraussetzungen verfügen. Voraussetzungen, die nicht nur die weitere Einstellung von Lehrer/innen ermöglichen, sondern viel mehr die Schule in ein Haus verwandeln, welches Kindern aus materiell schlechter gestellten Verhältnissen den kostenfreien Zugang zu Büchern, Internet, kulturellen Veranstaltungen, aber auch Bildungsreisen zusammen mit anderen Heranwachsenden ermöglicht. Dem werden unsere heutigen Schulen nicht gerecht.

Wenn wir die heutige Schulsituation als Ausgang nehmen, dann wird jedoch die Problematik dieser Forderung sichtbar. Denn außer acht gelassen wird, dass durch die Existenz von Schulen in freier Trägerschaft sowie Privatschulen Eltern, die dies nicht unterstützen, die Möglichkeit gegeben ist, ihre Kinder eine andere Schule besuchen zu lassen. Somit besteht die Gefahr, dass die Staatsschule – auch wenn dann gemeinsames Lernen bis Klasse 8 durchgesetzt ist – zur Restschule wird, weil die Eltern, die das nötige Kleingeld haben, ihre Kinder auf andere Schulen schicken. Um dies zu verhindern, meinen Teile der Linken, dass Privatschulen und Schulen in freier Trägerschaft geschlossen werden müssen, dass es nur noch eine Schule für alle Kinder geben darf. Nicht nur unsere DDR-Vergangenheit sollte uns gerade vor dieser Forderung bewahren. In einer Zeit zunehmender Individualisierung wird auch zunehmend individuelle Bildung notwendig sein. Aufgabe der Linken muss es vielmehr sein, dafür

Sorge zu tragen, dass keinem Kind der von ihm gewünschte Bildungsweg verschlossen bleibt, nur weil die Eltern nicht über die nötigen finanziellen Mittel verfügen. So wäre die Linke erneut bei Marx, der im Zusammenhang mit der Bildung als Forderung an den Staat formulierte, das nötige Geld für die Bildung aus den eingenommenen Steuermitteln bereit zu stellen.

Polytechnischer Unterricht

Kritisch zu hinterfragen ist die Forderung nach der Wiedereinführung des polytechnischen Unterrichts. Nicht nur, dass bei nicht wenigen Menschen im Osten Deutschlands der Begriff durch die eigene Erfahrung des polytechnischen Unterrichts in der DDR negativ besetzt ist. Viel mehr sollten wir uns die Ursprünge dieses Unterrichts genauer ansehen. Das polytechnische Prinzip war Ausgangsidee der Arbeitsschule des endenden 19. und beginnenden 20. Jahrhunderts. Deren namhafte Exponenten Kerschensteiner und Blonskij vertraten die Position, dass Kinder und Heranwachsende auf eine spätere Arbeit in der Industriegesellschaft durch die Schule vorbereitet werden müssen.

Solch eine Vorbereitung verliert spätestens mit den Ende der Industriegesellschaft, mit dem Übergang zur Kommunikations- und Wissensgesellschaft jeden Sinn. Damit spreche ich jedoch nicht gegen die aus meiner Sicht noch immer richtige Forderung, Hand- und Kopfarbeit zusammen zu führen. Nur meine ich, dass Formen, wie sie im sozialem oder ökologischem Jahr praktiziert werden, wesentlich zeitgemäßer sind.

Bundesweit geltende einheitliche Bildungsstandards

Schon 1971 kritisierte Ivan Illich, dass wir dem Staat gestatten, „allgemeine Bildungsmängel seiner Bürger zu diagnostizieren und dann eine spezielle Institution zu schaffen, welche die Mängel beheben soll."[20] Erliegen wir tatsächlich dem Trugschluss, „dass wir unterscheiden könnten zwischen dem, was für andere notwendige Bildung sei und was nicht - genau wie frühere Generationen Gesetze schufen, die bestimmten, was heilig und was profan war"[21]?

Nun fordert nicht nur die Industrie bundesweit geltende einheitliche Bildungsstandards. Die Vertreter/innen dieser Forderung meinen, dass durch diese eine Vergleichbarkeit von Leistungen gegeben ist. Nur, wenn man diese Sicht vertritt, ist die Forderung inkonsequent. In einem zusammenwachsenden Europa wäre es dann schon konsequent, wenigstens europaweit geltende einheitliche Bildungsstandards zu fordern.

[20] Ivan Illich, Entschulung der Gesellschaft, C.H. Beck'sche Verlagsbuchhandlung, München, 1995, Seite 46
[21] ebenda

Es fragt sich nur, ob dies tatsächlich der richtige Weg ist.

In einer Zeit der Globalisierung, verbunden mit vielen Chancen aber auch vielen Ängsten vor allem bei Menschen, deren Lebensgewohnheiten sich grundlegend ändern müssen, stellt sich die Frage, ob es nicht richtiger ist, der Globalisierung eine Kommunalisierung bestimmter, das Leben der Menschen unmittelbar betreffender Bereiche, zur Seite zu stellen. Bildung wäre nach meinem Verständnis solch ein Bereich. Die Linke sollte ernsthaft über die Möglichkeiten einer Kommunalisierung von Bildung diskutieren. Nicht nur, dass dann das Lernen wieder mehr an die Lebenswirklichkeit der Lernenden gekoppelt wäre. Eine Kommunalisierung bedeutet auch eine weitere Demokratisierung von Bildung. Diese schließt eine weitere Erhöhung der Mitspracherechte von Lernenden und Lehrenden ein und ist eine grundlegende Voraussetzung für emanzipatorische Bildungsprozesse.

<u>Fazit</u>

Wenn all die derzeit diskutierten Lösungsansätze, um aus dem Dilemma ‚PISA' heraus zu kommen, problematisch sind, stellt sich die Frage, ob wir in der momentanen Bildungsdiskussion einem Irrtum aufgesessen sind?

Die Schule, an die Schriftlichkeit gebunden, verliert in unserer Zeit immer mehr ihren Sinn. Kinder, Heranwachsende können das für sie Notwenige lernen, auch ohne in die Schule zu gehen. Sie hören Radio oder schalten den Fernseher ein. Und wenn die Eltern genug Geld haben, rufen sie die für sie notwendigen Seiten im Internet auf. Das Internet ermöglicht ihnen, in 4 Wochen eine Fremdsprache zu erlernen. Warum also sollen sie sich in der Schule über Jahre hinweg mühen?

Deutlicher werden die Anzeichen, dass zukünftig sich nicht das Kind sicher durch unsere globale Welt bewegt, welches die deutsche Sprache fehlerfrei lesen und schreiben kann. Viel besser findet sich schon heute das Kind zurecht, welches Zeichen, Bilder zu deuten vermag. Wir stellen fest, dass Kinder, welche unsere Gesellschaft ‚lernbehindert' nennt, in großen Einkaufszentren viel schneller als ihre Lehrer das gesuchte Produkt finden. Sie versuchen nicht erst wie diese, mühevoll die Wörter zu lesen. Sie folgen den Zeichen, Icons, Logos, diese zeigen ihnen den Weg. Weltweit können Kinder, die nie eine Schule von innen gesehen haben, aus einem Berg von Produkten die der Firma Adidas heraussuchen. Die Kenntnis des Logos, die Kenntnis des Schriftzuges – den die meisten nicht lesen können - reicht hierfür aus.

Wir meinen noch immer, dass diese Kinder, die nicht lesen und schreiben können, ‚ungebildet' sind. Als Maßstab für Bildung dient das, was wir – ‚die Gebildeten' - darunter verstehen. Für uns ist der Erwerb von Bildung an die Institution Schule gebunden. Wir glauben auf Grund unserer eigenen Sozialisation, dass Lernen nur in der Pflichtschule stattfindet.

Kann es nicht sein, dass jede Institution doch nur ihre Zeit hat? Ist die der Schule vielleicht schon abgelaufen?

Hat die Zukunft schon begonnen?

Wenn es uns künftig um eine Reform des Lernens geht, müssen wir berücksichtigen, dass Neues nur aus dem derzeit Vorhandenem heraus entstehen kann.

Eine umfassende Bildungsreform umfasst nach meinem Verständnis mehr als die schnelle und kostengünstige Behebung einzelner negativer Erscheinungen unseres Bildungswesens. Eine umfassende Bildungsreform braucht vor allem Zeit. Sie wird nicht funktionieren, wenn es uns nicht gelingt, die unmittelbar Betroffenen – die Lernenden und Lehrenden – auf diesem Weg mitzunehmen, wenn wir es nicht vermögen, die Veränderungen aus der Praxis aufzunehmen, die schon heute in die Zukunft weisen.

Gerade im Osten Deutschlands suchen Menschen, aus der Not ‚fehlender Kinder' heraus, neue Wege für die Bildung. Ideen sind gefragt, wie Schulen vor Ort erhalten werden können. Zu oft haben Menschen im Osten in den letzten Jahren erfahren, dass mit der Schließung des Kindergartens, später dann der Schule, auch das gesellschaftliche Leben im Dorfe stirbt.

In der Gemeinde Tannenbergsthal/Sachsen haben Eltern und Großeltern eine besondere Form des Protestes gefunden, als ihre Schule wegen zu geringer Kinderzahlen geschlossen werden sollte. Sie meldeten sich zusammen mit ihren Kindern und Enkelkindern zum Schulbesuch an und gingen fortan mit ihnen gemeinsam zur Schule.

Aus solchen Protestformen kann etwas Neues für die Bildung entstehen: Eltern gehen gemeinsam mit ihren Kindern in die Schule. „Gerade wenn wir Arbeit neu verteilen, ließen sich anerkannte Auszeiten für Eltern einrichten, in denen sie als nichtprofessionale mit den professionellen Lehrern zusammen Schule halten. In gleicher Funktion könnten andere Beschäftigungs- (und Kinder-) lose in Schule tätig und heimisch werden. Schule würde so um Kinder und Jugendliche gruppierte Gemeinden, Begegnungsstätten."[22] Gemeinsames Lernen von Kindern, Eltern und Großeltern lässt generationsübergreifendes Lernen, jene traditionelle Lernform in Gesellschaften, die keine Schule kennen, neu entstehen.

Generationsübergreifendes Lernen

In Thüringen gab es in den zurückliegenden 10 Jahren zahlreiche Schulversuche. Sie wurden durchgeführt, weil mit Beginn der 90iger Jahre absehbar war, dass uns auf lange Zeit die Kinder fehlen, um jede Thüringer Schule zu erhalten. Altersübergreifender Unterricht ist heute an vielen Grundschulen Selbstverständlichkeit. Hier griffen

[22] Dieter Strützel, 10 Thesen zu einer Debatte, www.weimarer-kreis.de/bildung/1996/thesen.html

Thüringer Pädagogen und Pädagoginnen vor allem auf die Ansätze des ‚Jena-Plans' zurück, jenes reformpädagogischen Ansatzes, welcher durch Peter Petersen, im Rahmen der Greil'schen Schulreform 1923 an die Jenaer Universität berufen, entwickelt wurde. ‚Helfen und sich helfen lassen' ist Leitgedanke dieses Ansatzes.

Diese Erfahrungen beachtend, neue Entwicklungen berücksichtigend, ist es eigentlich kein großer Schritt, vom altersübergreifenden Unterricht zum generationsübergreifenden Lernen zu finden. Warum sollen nicht auch ältere Menschen, die endlich die Zeit haben, eine fremde Sprache zu lernen, dies gemeinsam mit Kindern in der Schule tun? Warum soll die Spätaussiedlerin, die Asylbewerberin, die ausländische Mitbürgerin nicht ihre Sprache, ihre Kultur in die Schule einbringen, so Verständnis aufbauen für ein Zusammenleben in der Gemeinde. Oder die Ausbildung am Computer: Warum soll hier der Unterricht nicht auch für Menschen älterer Generationen geöffnet werden?

In Leipzig läuft seit Jahren das Projekt ‚Senioren@ns Netz'. „Dieses Projekt praktiziert generationsübergreifendes Lernen an Schulen und vereint konsequent Jung und Alt zu gemeinsamem Schaffen."[23] „Die Einstellung der Schüler zur älte-

[23] www.seniorenansnetz.de/projekt/kurz.html

ren Generation hat sich während der Lehrgänge zum Positiven hin verändert (für 64,3% aller untersuchten Schüler), die Einstellung gegenüber ihren Lehrern zu 50%. ...Die Übertragung von Verantwortung an die Gymnasiasten erweist sich für deren Persönlichkeitsformung als besonders wertvoll."[24] Und weiter stellt der wissenschaftliche Begleiter des Projektes, Prof. Dr. Heinz Lohse, fest: „Dieses Projekt brachte und bringt einen Gewinn für alle; für die Gesellschaft (Lernen voneinander – Verständnis füreinander), für die Senioren (Überwindung von Barrieren – Soziales Eingebundensein – Stärkung des Selbstwertgefühls - Aktivität und geistige Beweglichkeit – Erweiterung der Kommunikationsmöglichkeiten usw.), für die lehrenden Schüler (Hineinversetzen in Probleme und Nöte anderer – Wachsen an Persönlichkeit – Stärkung des Selbst- und Verantwortungsbewusstseins – Teamwork etc.), für die Schule (Schule als Lern- und Begegnungszentrum auch für Ältere, als Kulturzentrum des Stadtteils) und letzten Endes auch für die Wirtschaft (in jedem Lehrgang schaffen sich 3 bis 4 Senioren einen neuen Computer an)."[25]

Wird hier etwas praktiziert, was Zukunft hat?

Das Leipziger Projekt weist etwas Neues auf: Jüngere lehren Ältere. Dies war im Zeitalter vor

[24] ebenda
[25] ebenda

Computer und Internet nicht denkbar. Der Meister war immer auch der Ältere, der Lehrling immer der Jüngere. Auf einem bestimmten Gebiet mehr zu wissen, professioneller, meisterlicher zu sein, hängt heute nicht mehr unmittelbar mit dem Alter zusammen. Damit hebt sich zunehmend das Verhältnis Lehrer – Schüler auf. Jeder muss sich unabhängig vom Alter die Anerkennung der eigenen Professionalität täglich neu erwerben. Zeugnisse, Diplome können nur noch dokumentieren, zu einem bestimmten Zeitpunkt einen bestimmten Wissensstand besessen zu haben, mehr nicht. Sie verlieren in der Informationsgesellschaft immer mehr an Bedeutung.

Globales Lernen

Wir wachsen immer mehr auf unserer globalen Welt zusammen. Der 11. September 2001 zeigt, wie dringend notwendig die Entwicklung von Verständnis zwischen Menschen verschiedener Religionen und Kulturen ist. Dies kann schwer wachsen im Klassenraum, wenn das Fremde, das Andere nur über Bücher, Filme, Erzählungen zu erleben ist.

In Brandenburg geht man neue Wege. So gibt es Partnerschaften zwischen Schulen, Vereinen und Initiativen des Landes Brandenburg mit solchen auf der ostafrikanischen Insel Zanzibar. Diese spielte in der DDR-Geschichte eine hervorgehobene Rolle, war Zanzibar doch das erste Land, in welchem die DDR solidarische Hilfe beim Aufbau eines Bildungswesens leistete. Heute errichten Schülerinnen und Schüler Brandenburgs zusammen mit Gleichaltrigen auf Zanzibar Klassenzimmer, bauen mit ihnen Schulmöbel. „Brandenburger bauen einen Klassenraum auf Sansibar – 14 junge Entwicklungshelfer brechen heute zur ostafrikanischen Insel auf“[26] lesen wir in der ‚Berliner Morgenpost', „Globales Lernen an Ost-Schulen"[27] betitelt das ‚Neue Deutschland' schon 1993 einen Artikel über das Wirken der ‚Gesellschaft für Solidarische Entwicklungszusammenarbeit'. Und weiter lesen wir: „Die GSE schickt außerdem Gruppen von Studenten, Schülern, Lehrlingen und Fachkräften mit Werkzeugen und Ausrüstung zu Arbeitseinsätzen nach Übersee. Umgekehrt besuchen Lehrer, Künstler, Journalisten z.B. aus Tanzania Schulen, Institutionen und Eine-Welt-Läden hier, berichten und erzählen, besuchen Veranstaltungen.“[28]. „Frauen aus Sansibar und Brandenburger Jugendliche lernen einander beim Hausbau kennen“[29] lesen wir 1996 im ‚Neuen Deutschland'. Diese Form des gemeinsamen Lernens zwischen Menschen verschiedener Kulturen und Religionen führt gerade für Heranwachsende aus dem westlichen Kulturkreis Hand- und Kopfarbeit neu zusammen. Wer

[26] Berliner Morgenpost, 13. Juli 1992
[27] Neues Deutschland, 16.12.1993
[28] ebenda
[29] Neues Deutschland, 28.11.1996

einmal einen Hausbau auf Zanzibar beobachtet hat, weiß, welche Geschicklichkeit Menschen entwickeln müssen, um aus im Wald geschlagenen Stangen, Lianen, Lehm und den Blättern der Kokospalme Häuser entstehen zu lassen, die sowohl Schutz vor der brennenden Sonne als auch den tropischen Regenzeiten bieten.

Lebensbegleitendes Lernen

Aus meiner Sicht fordert die Linke richtigerweise, dass Möglichkeiten für ein das Leben begleitende Lernen geschaffen werden müssen. In ihrer Forderung sollte sich die Linke konsequent von der konservativen Forderung nach ‚lebenslangem Lernen' unterscheiden. Die Linke muss für das Recht auf selbstbestimmtes Lernen eintreten, an dessen Ende nicht zwangsläufig die Frage nach der Verwertbarkeit des Gelernten steht.

Im Zusammenhang mit dem ‚lebensbegleitendem Lernen' stellt sich die Frage nach den Orten dieses Lernens. Gerade wir im Osten Deutschlands haben durch unsere spezielle Situation die Chance, dem Lernen neue Räume zu geben. Warum sollen wir nicht die durch zurückgehende Kinderzahlen frei werdenden Klassenräume als Lernräume für die Erwachsenenbildung nutzen? Kinder und Erwachsene würden so in einem gemeinsamen Haus lernen. In diesem können sich Gespräche zwischen den Generationen entwickelt. Gespräche, die mit dem Verschwinden der

Großfamilie immer mehr verloren gingen. Kinder und Erwachsene würden so lernen, mit den „Klischees ‚Werd du erst mal groß!' und ‚Alter' oder ‚Alte' natürlich umzugehen."[30]

[30] ebenda

Die Schule als Lern- und Begegnungszentrum

Im Osten Deutschlands ist die Schule in vielen Gemeinden nach dem Verkauf fast aller kommunalen Gebäude und Grundstücke das einzige noch in öffentlicher Hand befindliche Haus. Zurückgehende Kinderzahlen führen dazu, dass nicht mehr alle Klassenräume für den Schulbetrieb benötigt werden. Der Leerstand verursacht Kosten, die ein Argument für weitere Schulschließungen sind. Die Schule zur Kommune zu öffnen, Teile des kommunalen Lebens in der Schule zu integrieren, kann hier Abhilfe schaffen.

Teile der Erwachsenenbildung, wie Umschulungslehrgänge des Arbeitsamtes, Bildungsmaßnahmen einzelner freier Träger für Erwachsene können problemlos in freien Klassenräumen der kommunalen Schulen stattfinden. Bei entsprechender Unterrichtsorganisation bestimmter Fächer in Projekten können freie Kapazitäten von Schulkabinetten durch die Erwachsenenbildung genutzt werden. Neben einer besseren Auslastung der materiellen Ressourcen entsteht bei der Integration von Teilen der Erwachsenenbildung in die Schule die Möglichkeit, freie Lehrstunden in der Erwachsenenbildung zu nutzen. Wenn Dozenten, die vormals nur in der Erwachsenenbildung tätig waren, ersatzweise Unterricht in der Schule halten, weil Fachlehrer/innen zum Beispiel wegen

Krankheit ausfallen, sind Ausfallstunden in den Schulen reduzierbar.

Die Realisation solcher Vorschläge wird es ermöglichen, frei werdende Klassenräume durch Jugendliche als Clubräume zu nutzen, Kellerräume in den Schulen als Proberäume für Jugendbands herzurichten und in bestehenden Schuppen und Nebengebäuden Werkstätten für die Reparatur von Fahrrädern und Mopeds einzurichten. Der Schulhof kann Platz für ein Volleyballfeld, eine Kleinsportanlage geben, die nach dem Unterricht durch Kinder, Jugendliche und Erwachsene genutzt werden können.

Die Idee, die Schulküchen für ein breiteres Publikum zu öffnen, geht von folgenden Gedanken aus: Noch vorhandene Schulküchen, neu entstehende Schulküchen können nicht nur ältere Menschen zum Essen einladen. Dies war in der DDR eine Selbstverständlichkeit. Sie bieten älteren Menschen einen Ort, an welchem sie sich mit anderen treffen. So werden sie der im Alter oft zu beobachtenden ‚Vereinzelung' entzogen. In Schulküchen könnten Kinder von diesen älteren Menschen das Kochen und Backen mit Produkten lernen, die im eigenem Schulgarten geerntet wurden. So wird Hand- und Kopfarbeit sinnvoll für alle zusammengeführt, ohne dass die Schule krampfhaft neue Beschäftigungen für die Schüler/innen suchen muss. Nicht unwesentlich: das Essen wird eine bessere Qualität als das heutige ‚Kübelessen' erreichen, die Kosten für das schulische Mittagessen werden reduziert.

Die Volkshochschule, die Musikschule, Vereine, Privatpersonen können freie Räume in den Schulen nutzen, so Angebote auch über den normalen Schulunterricht hinaus unterbreiten. Gerade im ländlichen Raum pflegen Vereine althergebrachte Traditionen. Gelingt es, einen Teil davon in die Schule zu integrieren, können sie an die jüngeren Generationen weitergegeben werden. Dann werden ohne Weisung ‚von oben' Ganztagsangebote auch für die Schülerinnen und Schüler entstehen.

Freie Klassenräume können zu einer Bibliothek umgewandelt werden. Gerade im Zusammenhang mit PISA wurde die zu gering ausgeprägte Lesefähigkeit deutscher Schüler/innen kritisiert. In solchen offen zugänglichen Bibliotheken in den Schulen werden Kinder, die zu Hause kaum noch in Kontakt mit dem Buch kommen, ungezwungen an das Lesen herangeführt. Um ein breites Angebot an Büchern zu sichern, müssen Schulen einen Austausch von Büchern untereinander organisieren. Buchbestellungen über die Bibliothek, wie sie in der DDR üblich waren, sind heute durch das Internet viel leichter zu organisieren. Kinder sind ab der 7. oder 8. Klasse durchaus in der Lage, eine Selbstverwaltung für die Bibliothek in ihrer Schule zu organisieren.

Die vorhandene Computerausstattung der Schulen kann so eingerichtet werden, dass Kinder und Erwachsene in den Schulen freien Zugang dazu haben. Der Zugang zum Internet muss hier für alle kostenfrei möglich sein. So gleichen wir finanzielle Benachteiligungen von Kindern und Heranwachsenden, die zu Hause eben nicht über einen eigenen Computer verfügen, aus, stellen ein Stück ‚Chancengerechtigkeit' her.

In diesem Zusammenhang müssen wir Sorge dafür tragen, dass Bildungsserver eingerichtet werden, die kostenfrei für alle zugänglich sind. Auf ihnen muss hinterlegt werden, was heute im allgemeinem in der Schule als Wissen vermittelt wird. Die neue Technik macht es möglich, dass der zu vermittelnde Lernstoff interessant aufgearbeitet wird. Kinder und Heranwachsende werden sich dann nicht nur lesend ihren Lernstoff erarbeiten, vielmehr hätten sie die Möglichkeit, Ton- und Filmdokumente nach Bedarf abzurufen, sich in Chaträumen mit anderen, die gerade das selbe Thema bearbeiten, zu treffen, Fragen, die sie haben, an schwarzen Brettern auszuhängen.
Vorhandene Werkräume können außerhalb der Unterrichtszeit Hobbybastler einladen, miteinander Sinnvolles, auch für die eigene Schule, zu bauen. So kann der Großvater, dessen Enkel weit

entfernt leben, seine eigenen Fähigkeiten und Fertigkeiten trotzdem an die Generation der Enkel weitergeben. In Hauswirtschaftsräumen kann gekocht und gebacken werden. Ältere können Jüngeren das Nähen, Stricken, Sticken beibringen.

Diese zu Lern- und Begegnungszentren umgewandelten Schulen brauchen zweckmäßig ausgestattete Räume, wo sich Kinder mit Gleichaltrigen aber auch mit Menschen anderer Generationen ungezwungen zum Gespräch zusammenfinden können. Das Gespräch ist Grundvoraussetzung für die Entstehung selbstbestimmter Lernprozesse.

Zwischen benachbarten Lern- und Begegnungszentren sollten rege Kontakte wachsen. Nicht alles, was möglich ist, wird sich an einem Ort finden. Schon deshalb ist es notwendig, auch die Möglichkeiten guter Nachbarschaft einzubeziehen. Benachbarte Lern- und Begegnungszentren können sich spezialisieren und so für alle Kosten sparen ohne notwendige Lernangebote zu vernachlässigen.

Das Miteinander verschiedener Generationen in einem Haus hat Vorteile für alle: Im Miteinander werden Fähigkeiten und Fertigkeiten an andere weitergegeben. Beiläufig lernen Kinder so vieles von dem, was in der Kleinfamilie nicht mehr an Wissen, Fähigkeiten und Fertigkeiten weitergegeben werden kann. Ältere Menschen, die gerade im Osten nach der Wende das Gefühl vermittelt bekamen, nicht mehr gebraucht zu sein, finden so eine neue Lebensaufgabe. Lehrerinnen und Lehrer bekommen so in ihrer pädagogischen Arbeit Unterstützung, weil sie Helfende an ihrer Seite haben, die ihnen den Freiraum geben, sich auf ihre eigenen Aufgaben zu konzentrieren.

Statt eines Nachworts

Die Rede von Jule, gehalten zur Demo auf dem Erfurter Domplatz am 7.5.2002

"Der Anlass[31] aus dem wir uns vor einer Woche zusammengefunden haben, ist ein verdammt trauriger. Und es ist auch traurig, dass sich viele immer noch nicht erkennen, dass wir trotzdem weiter in eine falsche Richtung rennen.
Die Zeit wird nicht alle Wunden heilen, doch sie fördert das Vergessen und damit das Totschweigen. Warum sollen Schüler, Lehrer, Eltern immer wieder reden, wenn ihnen niemand zuhört? Wenn die Probleme des Schulalltages bagatellisiert und belächelt werden?

Kommunikation - Bildung - Erziehung – Gesellschaft - Leistung ... und immer weiterrennen!

Sollte Schule nicht auch ein Ort der Erziehung, des gesellschaftlichen Miteinanders und des LEBENS sein?

Irgendwann in unserem kleinen Schülerleben kam der Punkt, ab dem wir mehr Zeit in der Schule verbrachten, als im Elternhaus. Sollte die Instanz Schule nicht spätestens ab diesem Punkt dem Schüler mehr geben als Stoffvermittlung? Doch

[31] Anlass war das Massaker am Gutenberg-Gymnasium in Erfurt

wie soll der Lehrer mit ca. 25-30 Schülern pro Klasse auf einzelne Schüler eingehen, noch dazu, wenn er nicht einmal genügend Zeit hat, den Lehrplan zu vermitteln?

Hey, ich weiß SO WENIG von meinen Fachlehrern. Und es hat mich auch lange nicht gereizt mehr über sie zu erfahren. Manchmal glaubt man, dass vor den Schülern eine nette Marionette steht, die selbst immer weniger Lust hat, vor gelangweilte und desorientierte Schüler zu treten, um den Lehrstoff zu verbreiten.
Und dann machte ich mir wieder Gedanken darüber, was ein Lehrer für mich ist, oder sein sollte, könnte oder wäre ... wäre so vieles anders!!!
Lehrer, lehren, teacher ... sorry, aber sollte ich nicht einen gewissen Bezug zu dem Menschen haben, der mindestens 90 Minuten pro Woche vor mir steht und MIR seine fachlichen und menschlichen Kompetenzen vermittelt. Ist nicht ein beidseitiges fachliches Interesse Grundlage genug für die gemeinsame Erarbeitung von Erkenntnissen und Wissen? Doch für Interesse von Schüler zu Lehrer und von Lehrendem zu Lernendem fehlt die Kommunikation.

Denn für die Kommunikation fehlt die ZEIT!

Vielleicht wollen wir ja gar nicht mehr mit und für euch rennen? Wir besuchen die Schule als eine Einrichtung des Staates. Eures Staates!
Eine der größten staatlichen Institutionen soll eine der wichtigsten Bevölkerungsgruppen, nämlich die der ZUKUNFT, auf eure Gesellschaft vorbereiten.
Mit dem Schulabschluss soll diese Bevölkerungsgruppe - so lernen wir es im Sozialkundeunterricht - in die Gesellschaft integriert werden!
(Anmerkung: Thüringens Schulen sind also zu einem sehr großen Teil nicht fähig, die Schüler so "zu integrieren", denn 27% verlassen die Schule ohne Abschluss. Das ist fast jeder dritte Schüler!)

Aber - darf ich als junger Mensch denn nicht fragen: "In welche Gesellschaft soll ich integriert werden?"
Vielleicht wollen wir ja auch gar nicht so werden, wie ihr jetzt seid?! Vielleicht wollen wir nicht zu dem gemacht, was ihr euch unter Zukunft vorstellt?!

Doch zuerst, als allerersten Schritt, muss jeder von EUCH wissen, was er will. Was er wirklich werden will.

Zeigt Euch EURE ZIELE auf, vielleicht finden wir einen gemeinsamen Weg dahin!

Fangt an, darüber nachzudenken, was ihr verändern würdet, wenn ihr es könntet und ihr werdet sehen, dass ihr es ändern könnt!"[32]

Inzwischen wird das Gutenberg-Gymnasium für viel Geld saniert. Die Vertreter der Schülerinnen und Schüler hatten die Kraft, Entwürfe für den Innenausbau abzulehnen, weil diese ihren Ansprüchen an Schule nicht gerecht geworden sind. Ob sich allerdings am Umgang mit Schülerinnen und Schülern, ob sich am Lerninhalt, der ihnen vermittelt wird, oder an der Art und Weise, wie Inhalte vermittelt werden, etwas ändern wird, ist ungewiss.

Mai 2003

[32] www.schrei-nach-veraenderung.de

Nachtrag

Mitten in die Fertigstellung dieses Buches trifft die Nachricht aus Berlin ein: „Schulbücher gibt es nicht mehr umsonst"[33]. „Eltern sollen ab August Eigenanteil von bis zu 100 Euro zahlen"[34]. Noch einmal scheint die Schule diese „alte (...) Schachtel ..., die zähe an ihrem Leben hängt und dabei immer kostspieliger wird"[35] einen Sieg davon zu tragen. Der Berliner Senat hat die Möglichkeit vergeben, die Chance, die in der Krise steckt, für eine zukunftsfähige Bildung zu nutzen. Er hält lieber an den Büchern fest – die Lehrbuchlobby wird das freuen. Berliner Eltern müssen nun die Bücher kaufen, die bei den meisten Schüler/innen doch nur ungelesen in den Ecken liegen.

War dies der einzige Weg, um den gebeutelten Berliner Haushalt zu sanieren? Hätte die finanzielle Situation des Berliner Senats nicht Anlass sein können, die neuen Medien mit ihrem Möglichkeiten viel stärker für den Unterricht nutzbar zu machen?

So würde der Aufbau eines Berliner Bildungsservers auf Dauer viele unnützliche Schulbücher

[33] ‚Neues Deutschland", 7. April 2003, Seite 16
[34] ebenda
[35] Ivan Illich, Schule ins Museum – Phaidros und die Folgen, Schriftenreihe zum Bayerischen Schulmuseum Ichenhausen, 1984, Seite 15

tatsächlich überflüssig werden lassen und damit die Haushaltskasse des Senates entlasten.
In einzelnen Fächern kann man schon heute ganz und gar auf Schulbücher verzichten, wenn man öffentliche Bibliotheken, Bücher aus Privatbeständen der Schülerhaushalte und das Internet intensiver nutzt. So würden Schüler/innen schon in der Schule lernen, Informationen aus verschiedenen Quellen zu holen, miteinander zu verbinden, zu bewerten.

In bestimmten Fächern kann Projektunterricht erteilt werden. Dies begrenzt die Nutzung der dafür notwendigen Schulbücher auf den Zeitraum des jeweiligen Unterrichtsprojektes; ganze Klassensätze könnten in einem Schuljahr von mehreren Klassen genutzt werden.

Als die Grundschulklasse von Lars ihre Klassenarbeit in Mathematik so richtig in den Sand setzte, bekam sie die Möglichkeit, diese im Unterricht zu überarbeiten. So konnte Lars seine Note von einem ‚unbefriedigend' auf ein ‚befriedigend' verbessern.

Vielleicht sollte der Berliner Senat auch noch einmal seine ‚Senatsarbeit' überarbeiten?

Weiterführende Literatur

Beck, Ulrich (Hrsg.)
Kinder der Freiheit, Suhrkamp, Frankfurt/Main, 2. Auflage 1997

Bois-Reymond, Büchner, Krüger, Ecarius, Fuhs (Hrsg.)
Kinderleben, Leske + Budrich, 1994

Bois-Reymond, Manuela du
Lernen für Europa - die Ohnmacht der Schule?, Beitrag für den Kongress ‚Jugend – Wirtschaft – Politik', 16.–18. März 1992 in Mannheim

Döbert, Fuchs, Weishaupt (Hrsg.)
Transformation in der ostdeutschen Bildungslandschaft, Leske + Budrich, 2002

Elschenbroich, Donata
Das Weltwissen der Siebenjährigen, Kunstmann-Verlag, München, 2001

Flitner, Andreas
Reform der Erziehung, Piper, München und Zürich, 2. Auflage, 1993

Freire, Paolo
Pädagogik der Unterdrückten, Rowohlt Taschenbuch Verlag, Reinbek bei Hamburg, 1977

Gerster, Nürnberger
Der Erziehungsnotstand - Wie wir die Zukunft unserer Kinder retten, Rowohlt Taschenbuch Verlag, Reinbek bei Hamburg, 2003

Goodmann, Paul
Beiläufige Erziehung versus Schulpädagogik, eine der vielen Raubkopien der Linken in der BRD, 1969
Huisken, Freerk
z.B. Erfurt – Was das bürgerliche Bildungswesen und Einbildungswesen so alles anrichtet, VSA-Verlag, Hamburg, 2002
Illich, Ivan
Klarstellungen, Verlag C.H. Beck, München, 1. Auflage 1996
Illich, Ivan
Entschulung der Gesellschaft, Verlag C.H. Beck, München, 4. Auflage 1995
Key, Ellen
Das Jahrhundert des Kindes, Beltz, Weinheim und Basel, 1992
Klier, Freya
Lüg Vaterland – Erziehung in der DDR, Kindler-Verlag, München, 1990
Lindenberg, Christoph
Waldorfschulen: angstfrei lernen, selbstbewusst handeln, Rowohlt, 1975
Mitzenheim, Paul
Thüringer Pädagogen und bildungspolitische Bestrebungen der Arbeiterbewegung, Schriften des Jenaer Forum (heute Thüringer Forum) für Bildung und Wissenschaft, Selbstverlag, 2000
Mitzenheim, Paul
Die Greil'sche Schulreform in Thüringen, Friedrich-Schiller-Universität, Jena, 1965

Negt, Oskar
Kindheit und Schule in einer Welt der Umbrüche, Steidl-Verlag, Göttingen, 1997
Neil, Alexander Sutherland
Theorie und Praxis der antiautoritären Erziehung, Rowohlt, 1996
Petersen, Peter
Der Kleine Jena-Plan, Beltz, Weinheim und Basel, 60. Auflage, 1980
Postman, Neil
Das Verschwinden der Kindheit, Fischer-Verlag, Frankfurt/Main, 1994
Postman, Neil
Wir amüsieren uns zu Tode, Fischer-Verlag, Frankfurt/Main, 1994
Postmann, Neil
Keine Götter mehr - Das Ende der Erziehung, Berlin Verlag, Berlin, 1995
Scheibe, Wolfgang
Die reformpädagogische Bewegung, Beltz Verlag, Weinheim und Basel, 10. Auflage, 1994
Thüringer Forum für Bildung und Wissenschaft e.V.
Herausforderungen an die Pädagogik, Selbstverlag, Jena 2001

Bildnachweis

Alle Fotos entstammen dem privatem Besitz der Autorin.

Die Autorin

Geboren 1958 verbrachte die Autorin drei Jahre ihrer Kindheit in Tanzania. In diesen und folgenden Jahren leistete ihr Vater als Lehrer Entwicklungshilfe in dem so armen und doch wunderschönen Land. Sie lebte mit ihren Eltern und Brüdern auf Zanzibar und in Dar-es-Salaam.

In Dar-es-Salaam lernte sie altersübergreifenden Unterricht kennen. Ihre Eltern ermöglichten es, dass sie nach Abschluss der Klasse 6 für 4 Monate die ‚Schule schwänzen' konnte. Bekannte ihrer Eltern und diese selbst vermittelten ihr in dieser Zeit den notwendigen Lernstoff.

Zurück gekehrt in die DDR legte sie ihr Abitur ab, studierte Sport an der DHfK in Leipzig und später Mathematik in Jena.

Die gesellschaftliche Wende von 1989 zwang sie, neu über die schulischen Bildungsmöglichkeiten ihrer beiden Kinder nachzudenken.

Sie selbst arbeitete von 1993 - 1994 als Geschäftsführerin an der Freien Waldorfschule in Jena. Die Autorin arbeitet unter anderem in der Erwachsenenbildung.

Weitere Texte der Autorin zur Bildung
www.lingel-sigrun.de/bildung/

Michael Wegner

Georg Lukács. Der Kampf mit dem Drachen

Thüringer Forum für Bildung und Wissenschaft e.V., Biographien, Band 1, 69 Seiten, Broschur, 6,54 €, ISBN 3-935787-01-4

Was ein Leben im Strom der Geschichte ausmacht, erschließt sich vom Ende her: Lukács' Werk ist unverzichtbar für einen neuen, selbstkritischen Antifaschismus.

Jens-F. Dwars (Hrsg.)

Erinnerung an die Zukunft. Jenas Aufbruch in die Moderne

Thüringer Forum für Bildung und Wissenschaft e.V., Schriften, Band 1, 192 Seiten, zahlreiche Abb. Broschur, 8,59 €, ISBN 3-935787-00-6

1968 beschloss der Ministerrat der DDR, die Traditionsfirma Carl Zeiss zum Zentrum der Mikroelektronik und Jena zur Modellstadt der sozialistischen Moderne zu entwickeln. War alles nur Ulbrichts Wahn? Der Band rekonstruiert Anspruch und Scheitern eines komplexen Reformversuchs am Ende des Neuen Ökonomischen Systems (NÖS).